CLARK BOOKS

新渡戸ブックレット1

今なぜ新渡戸稲造か

危機を突破する〈利他の精神〉

北海道大学名誉教授
松井博和
元北海道大学准教授
小篠隆生
北海道大学客員教授
久田徳二

JN225869

札幌農学同窓会

今なぜ新渡戸稲造か——危機を突破する〈利他の精神〉

はじめに

日本を代表する国際人として知られる新渡戸稲造《にとべいなぞう》は今から約一三〇年前、札幌市内に日本初の私立夜間学校「札幌遠友夜学校」を創設しました。新渡戸は札幌農学校の出身であり、同校の後身である北海道大学の出身の筆者らは新渡戸の後輩にあたります。今、筆者らは「一般社団法人新渡戸遠友リビングラボ」の活動として、札幌遠友夜学校の跡地に「ＮＥＬＬ」(Nitobe Enyu Living Lab.)を建設し、新たなまちづくりの拠点として活用する運動を展開しています。

新渡戸は、キリスト教思想家で文学者の内村鑑三《うちむらかんぞう》や、植物学者で札幌農学校初代植物園長の宮部金吾《みやべきんご》らと同じ札幌農学校の二期生であり、後に同校の教授として札幌に赴任しました。ウィリアム・スミス・クラークと同様に、その思想と事績は北海道大学のスピリットの土台を築いたと言われています。また、北海道の開発、とりわけ農業を基盤とする産業と教育、社会の発展にもつながっていて、日本国憲法をはじめとする戦後日本の基本理念とも深い関係を持っていると言われています。

北海道大学は、二〇二六年を「北大創基一五〇周年」として迎えようとしています。一五〇年前、札幌農学校は当時の明治新政府により重大な役割を与えられて開校しました。後身の北海道大学には、その歴史を振り返り、社会に伝える責務があります。

現在、北海道は、農業も地域社会も曲がり角にきています。激しい人口減と過疎化、農業従事者の高齢化と減少、地域の疲弊……。貧困と格差が拡大し、人々が暮らしにくくなっている面もあります。金銭的な意味での貧困だけでなく、都会の子どもたちや若者が居場所や生きがいを失い、自由に遊んだり学んだりする場を十分に得られなくなるという、「暮らしと教育の貧困化」も進んでいます。世界を見渡してみても、温暖化の進行や絶えない紛争といった問題が山積みです。

新渡戸は旧五千円札に使われた肖像画でよく知られていますが、その事績と、北海道や世界への貢献を深く知る人は多くありません。筆者らは新渡戸の事績と貢献は極めて大きく、まぶしく輝くものであると感じています。その〝光〟を正しく受け止めることで、今日の危機を突破できる道と、次の時代の展望が見えてくるのではないでしょうか。

本書は、新渡戸の思想や生涯を振り返り、その〈利他の精神〉を未来に引き継ぐ活動をＮＥＬＬプロジェクトを中心に紹介するものです。

目次

第一章

今日の危機と新渡戸の目指した世界

深刻な多重危機

明治政府による北海道開拓と札幌農学校開校から約一五〇年が経ちました。太平洋戦争は終わり、日本経済は高度成長を果たしましたが、今日の私たちは十分に幸せでしょうか。明るい未来を展望できているでしょうか。「次の一五〇年」をどのように描いているでしょうか。

世界では戦争が絶えません。ロシアはウクライナへ、イスラエルはガザへ侵攻し、激しい戦闘により多くの人が亡くなっています。ロシア大統領が核兵器使用も辞さない構えを見せていることから、世界は現実的な核の脅威にもさらされています。

東アジアでも、台湾や尖閣諸島、竹島などを巡る争いがあり、ミサイル発射や船舶の衝突といった事態も起きています。

太平洋戦争後の一九四六年、日本は世界で初めて「戦争放棄」を明記した憲法を持ちました。日本国憲法はこの「平和主義」と、「基本的人権の尊重」「国民主権」の三つを基本原則としています。しかし、「非戦・非武装の原則を変更するべきだ」という主張も憲法制定直後から現在まで根強くあります。

　憲法制定から約七〇年後、集団的自衛権行使を容認する新安保法制が可決され、日本が敵基地攻撃能力を保有することになりました。これに対し、憲法の「立憲主義」「平和主義」「国民主権」の基本原理に違反するとの国民からの声は今もやみません。憲法は時代の波の中で、今も揺れ動いています。

　また、戦争以外で世界規模で進行している問題の一つに、地球環境の悪化が挙げられます。豪雨や氷河融解などに象徴される気候変動、森林や土壌の消失、河川や海の汚染も進んでいます。動植物の多くの種が絶滅しています。すでに「惑星限界」(地球環境が安定した状態を保てる限界)を超えたとの指摘もあります。

　こうした相次ぐ戦争や環境悪化は食料価格の高騰にもつながっていて、近年は農産物や飼料、肥料の供給が逼迫《ひっぱく》しています。また、日本では戦後、輸入農産物の関税引き下げや農家の所得対策を行ったことで、結果的に担い手の減少と高齢化が進み、農家の経営体力が低下しています。これにより日本の食料自給率は半世紀で半減し、主要農産物や飼料肥料、種子の多くを輸入に頼らざるをえなくなっています。

　お金に困っているのは農家だけではありません。実質賃金が低下し、年金収入が伸びず、税負担が重くなっています。普段の生活で「お金に困っている」という人は一〇年前に比べて四割増え、二〇歳以上の国民では三人に一人に相当します(二〇二三年内閣府「国民生活に関する世論調査」)。

　一方で、財務省が発表した法人企業統計調査によると、企業の内部留保は二〇一一年度から一二年連続で過去最高を更新しています。また、世界人口の一パーセントの大金持ちの持つ富が、残り九九パーセントの人のそれとほぼ同じといういびつな状況があります。

そして、こうした社会状況下で日本の自殺死亡率（人口一〇万人あたりの自殺者数）は一六・三（二〇二四年）を記録し、先進国の中では韓国に続いて二番目に高いと言われています。小中高生の自殺も多く、二〇二四年は五二七人で、一九八〇年以降最多となりました。学校現場では暴力や陰湿ないじめが後を絶ちません。生活のあらゆる場面にスマホなどの電子機器やロボットが入り込み、便利になる反面、人間同士のつながりが希薄になっているとも言えます。

私たちの生活、社会、国、そして地球は、かつてないほど深刻な多重危機に直面していると言えるでしょう。私たちの考えと活動のあり方を大胆に見直し、この危機を突破しなければなりません。

一〇〇年前の国際紛争

オーランド諸島紛争は、今から約一〇〇年前の一九二〇年前後にそのピークがありました。バルト海のほぼ中央、フィンランドとスウェーデンに挟まれる位置に浮かぶ六五〇〇を超える島々は、現在、フィンランドの「非武装・中立地域」の自治州として知られ、多くのスウェーデン系住民がそこで暮らしています。

この島々を巡り、一九世紀からロシア、スウェーデン、フィンランドの間で紛争が続いていましたが、パリ講和条約（一八五六年）により非武装地帯に指定されました。しかし、第一次世界大戦の勃発直後に、ロシアが同条約に違反してオーランド諸島の要塞化を始めます。やがてフィンランドでロシアからの独立の気運が高まり、オーランドでもフィンランドからの分離とスウェーデンへの再帰属を求める運動が起こりました。オーランド分離を阻止したいフィンランドと、島の帰属を求められているスウェーデンの間で緊張が高まったため、スウェーデンは国際連盟に裁定を託し、フィンランドもこれに同意しました。

国際連盟は、当時事務次長だった新渡戸が中心となりこの問題に対応します。新渡戸は両国や島民の意見を繰り返し聞いた上で、「オーランドの自治権保証を条件としてフィンランドへの帰属を認め、オーランドの公用語はスウェーデン語とする」という、いわゆる「新渡戸裁定」を示しました。さらに、帰属問題が解決したのちには、国際連盟主導のもと非武装・中立化することも提案しています。この裁定案はオーランドの人々と、スウェーデン、フィンランド両国の同意を得て国際連盟が承認し、フィンランドの自治確約法に盛り込むことで現実のものになりました。

スウェーデンは統治権を獲得できず、オーランドの望みも実現せず、フィンランドは統治権を維持したものの独立国並みの自治権を認めるという、全員が「損」の案です。とはいえ、非武装中立化によって両国の安全保障は固まり、オーランドはスウェーデンへの帰属と地域運営を手にしたわけで、三方ともが喜ぶ実に見事な裁定だったのです。

後年、オーランドはその憲法とも言えるオーランド自治法(一九九一年成立)などにより自治の仕組みを確立しました。自身の自治政府と議会を持ち、行財政・立法権限を保持しています。同法はフィンランドで憲法改正手続きを行い、かつオーランド議会が承認しなければ改廃できません。オーランドの自治が確立したのです。

現在も帰属国の論議はオーランドで続いていますが、フィンランド政府が、島のスウェーデンへの復帰を認めているにもかかわらず、今では現状維持を望む人が多いようです。

新渡戸の目指す世界は近隣の諸国が平和友好を保つ世界でした。とはいえ、実際の平和のかたちは、それぞれの地域の歴史や文化で異なります。「新渡戸裁定」は、これをよく聴いて調べて理解し、熟考し、粘り強く働きかけるという交渉努力ののちに実現したものでした。

紛争当事者の両側と深い話をし、仲を取り持ち、最適解を導くことのできる新渡戸のような人物が現代には存在するでしょうか。中東でも中央アジアでも東アジアでも、停戦と和解を実現するには、軍事力とは異なる交渉力が欠かせないでしょう。日本が戦争に加担せず、むしろ抑止の役割を果たしていくためには、普段からの友好的交流が必要です。

リンカンの言葉

"With malice toward none, with charity for all."

直訳すれば、「何人にも悪意を抱かず、全ての人に慈愛を持って」。一八六五年三月四日、アメリカ南北戦争の終結直前に、エイブラハム・リンカンが合衆国大統領の第二回就任演説で放った言葉です。

アメリカでは一八六一年四月からちょうど四年間、南北戦争が続いていました。奴隷制存続を主張する南部一一州が合衆国を脱退して結成したアメリカ連合国と、合衆国にとどまった北部二三州との間で血が流れた悲惨な内戦でした。その戦いの終結が近くなったとき、両陣営では、同胞への怒りが充満していました。

リンカンはその双方に対し、和解と癒しのプロセスを始めることを呼びかけました。

北部連邦軍の最高司令官だったリンカンは戦時措置として「奴隷解放宣言」（一八六三年一月）を発布し、終戦が見えてくると、今度は奴隷制度を永久に終わらせるために議会で憲法を修正しようとしていました。就任演説はその修正案の必要性を強くアピールしたものです。

一八七七年に札幌農学校に第二期生として入学した新渡戸は、リンカンの伝記を読んで感動します。札幌農学校初代教頭のクラークがアマースト大学（マサチューセッツ州）の教授時代に望んで北軍に従軍したこと、アメリカの独立と民主主義に並々ならぬ熱意を持っていたことも、新渡戸をはじめとする札幌農学校の学生たちが南北戦争とリンカンへの関心を強めた理由でもありました。

リンカンが「人民の人民による人民のための政治を地上から決して絶滅させないために、われわれがここで固く決意することである」（一八六三年一一月、ゲティスバーグ演説）と宣言したアメリカへ新渡戸は留学し、民主主義の空気を、胸いっぱい吸い込みました。

リンカンを尊敬してやまなかった新渡戸は、母校の教授として札幌で勤務するかたわら一八九四年に設立した札幌遠友夜学校で、教育の機会に恵まれなかった人たちに学ぶ喜びを教え、校内でリンカン精神を学ぶ「倫古龍《リンコルン》会」を立ち上げます。貧家に生まれ、衣食にも不自由し、学校にも通えない少年時代のリンカンが、ストーブに薪をくべるとき、炭化した枝で白い木の皮に文字を書いて覚えていた話は、当時の子どもたちを励ましたに違いありません。

時代は下って、第一次世界大戦終結直後の一九二〇年、国際連盟が設立され、日本は当初から常任理事国

図１　新渡戸が揮毫した扁額（北海道大学所蔵）

となります。平和主義者で、名著『武士道』（*Bushido: The Soul of Japan*、一九〇〇年）によって世界的名声を得ていた新渡戸が初代事務次長に選ばれました。

新渡戸は「われ太平洋の橋とならん」という高い理想を胸に抱いて、国際的な日本理解、世界平和のために粉骨砕身しました。『武士道』の言う「世のため人のために尽くす利他の精神」を最大限まで高めたのです。

世界で初めてつくられた普遍的な国際機構の設立過程で、新渡戸は連盟の役割を規定する規約の作成にも積極的に貢献しました。その過程で日本政府は、奴隷制廃止を含む「人種的差別撤廃提案」を行います。最初の発案を誰がしたのかは現在もわかっていませんが、国際会議で明確に主張したのは日本が最初でした。全会一致原則の下、ウィルソン米大統領の反対で否決されたものの、他の多数国の賛同を得たことは、その後の世界に影響を与えていきました。

新渡戸は国際連盟で、平和の土台をなす教育文化の重要性を強く唱えていました。一九二二年にはノーベル賞受賞者を主な委員として、教育、文化の交流、著作権問題、国際語の問題などを審議する知的協力国際委員会（ＩＣＩＣ）を発足させます。哲学者アンリ・ベルクソンや物理学者アルベルト・アインシュタイン、マリー・キュリーなどが参加していました。知的・文化的国際交流に重要な役割を果たすようになり、現在の国連教育科学文化機関（ＵＮＥＳＣＯ）に引き継がれています。

新渡戸は札幌遠友夜学校を設立した四年後にリンカンの「With malice……」の言葉を自ら揮毫《きごう》した扁額（図1）を夜学校の玄関付近に掲げました。その言葉は、有島武郎《ありしまたけお》作詞の同校校歌とともに、建学の精神「遠友魂」の一つとして、教師や生徒たちの胸に刻まれていきました。

新渡戸が目指したのは、国際理解と世界平和、つまりラブ・アンド・ピースです。オーランド諸島紛争の裁定をはじめ、多くの国連での仕事にもその精神が貫かれていました。同時に、「国際平和は身近な人との対話と友好が基礎である」「平和の思想的源泉は慈愛である」という考えは、新渡戸の言動にも常に滲み出ていました。約五〇〇人の事務局員が勤務していた国連事務局でも、いつも柔和な笑顔を絶やさず、優しい口調で語っていた新渡戸は「ジュネーブの星」「連盟の良心」と呼ばれていたのです。

平和の論陣

国際連盟は第一次世界大戦の反省の上に、世界平和と国際協力を目指した国際組織でした。世界大戦の再発を阻むため、普段から国々が仲良くすることを具体的に追求し、オーランドをはじめとする地域紛争の解決などに成果を挙げていました。しかし、アメリカが自国議会の承認を得られず加盟しないなど主要大国が不在であったこと、全会一致が原則で、軍事的制裁といった実効性のある迅速な措置がなかなかできないことなどから、その運営は多難なものでした。

敗戦国だったドイツは一九二六年に加盟を認められますが、一九三三年成立のヒトラー政権が連盟脱退を強行しました。また、日本は満州事変（一九三一年九月）を契機に中国への侵略を開始し、国際的な孤立を深めました。その後、満州国の非承認と日本軍の撤退を求める連盟調査団の勧告を、一九三三年二月の連盟総会が全会一致（反対は日本のみ）で可決したことを受け、日本は翌月に脱退しています。イタリアは、エチオピア侵攻に対する経済制裁を受けて連盟に反発を強め、さらに日独防共協定に一九三七年に加入したため連盟を脱退しました。

当時、世界大恐慌（一九二九～一九三二年）により世界経済は大きく落ち込み、各国はブロック主義に走り始めていました。大国が自国通貨と自国生産物を仲間の他国との間で流通させ、他の大国との競争から自国を守ろうとしたのです。英国中心のスターリング・ブロック、アメリカ中心のドル・ブロック、フランス中心のフラン・ブロックがありました。資源と生産力に乏しい日本・ドイツ・イタリアは、これに対抗して専制と植民地主義、資源の囲い込みに走りました。こうして、持てる国々と持たざる国々の対立が深まり、世界は再び大戦争に突入していきます。

日本が連盟内で孤立を深めつつあった一九二六年、新渡戸は事務次長の職を失い、日本に帰国します。そして、強力な平和主義者として国際社会から新渡戸と並び高い評価を受けていた賀川豊彦《かがわとよひこ》とともに、平和運動を展開していきました。

一九二六年二月、賀川や後の日本基督教団初代議長である小崎道雄《こざきみちお》らが新渡戸の鎌倉別邸に集まり、平和を目指す「日本友和会」を結成します。イギリスのキリスト教徒たちが結成した「国際友和会」（FOR: The

International Fellowship of Reconciliation）の日本支部です。ＦＯＲは「戦争拒否」だけでなく、憎しみあっている敵同士を和解させようという「絶対平和」の思想を持っています。ここにもリンカンの思想や慈愛の精神が反映されていました。

一九二八年、新渡戸は賀川らとともに「全国非戦同盟」を結成し、中国侵略への抵抗などを始めました。その後も「太平洋問題調査会」（IPR: Institute of Pacific Relations）や「太平洋会議」（Pacific Conference）を中心とした平和運動に、賀川らとともに命を燃やしていきます。毎日新聞社に身を置き、「英文毎日」にコラムを執筆するなど、活発なジャーナリズム活動も展開しました。ジャーナリストとして懸命に訴えたのもやはり「反戦」と「軍部批判」でした。

当時の軍部や同調者たちは「愛国心」を著しく強調し、それに基づいた行動を国民に求めていました。新聞もこれに同調し、上海事変で敵陣に爆弾を抱えて突入し爆死した三人の兵士を「肉弾三勇士」「帝国万歳と叫び」「忠烈まさに粉骨砕身」と伝えて美談として報道するなど、「愛国心」を煽っていました。

しかし新渡戸は「自国を他国の敵とすることで自国を讃える者も、自国に一つも欠点を見ない者も、憐れむべき愛国者である」と狂信的愛国主義を批判しています。偏狭な愛国主義や好戦的愛国主義を退け、「真に自国を愛する者は、自国の生存に欠かせない他国も愛さずにはいられない」などと、インターナショナリズムとナショナリズムの相互補完性も強調しました。また、「武装する事は、相互破滅の備えをすること。もっとも費用のかからぬ国防とは、戦争の原因を与えぬこと。戦争の備えをしていると戦争を招くことになる」（「英文大阪毎日」）として非戦論を展開し、「他国の領土を掠め取る」行為についても強く非難しました（「真

の愛国心」『実業之日本』二八巻二号、実業之日本社、一九二五年)。

普段は英語で書いていたせいか軍部から目を付けられにくかったものの、それでもたびたび脅迫などの目に合います。一九三二年第一次上海事変勃発直後の二月には、愛媛県松山市で新渡戸が講演した際にオフレコで地元新聞記者に語った話が新聞に載ってしまいました。「この国を滅ぼす」として軍部を批判し、「上海事変は正当防衛でない」と言い切ったというのです。これを機に新渡戸は軍部や在郷軍人会、マスメディアなどから激しい非難を浴びました。

この年、「学校で軍事訓練を課すように」という文部省の方針が、札幌遠友夜学校にも伝えられました。しかし、夜学校は従いませんでした。戦時下の厳しい統制の中、敵国の元大統領リンカンの教えを引き続き校是とし、戦況が最悪となる一九四四年まで、平和主義を貫いて教育活動を続けました。

世界が分断されていく中、日本が「枢軸国」にはまっていく、中国への侵略を開始する、アメリカなどによる排日運動が強まる、国際的に孤立し国際連盟を脱退する……。「太平洋の橋」を目指した新渡戸にとって、これほど悲しいことはなかったのではないでしょうか。

新渡戸は排日の声が高まるアメリカに何度も足を運び、戦争回避を訴える講演を年に一〇〇回も行いましたが、日本は太平洋戦争へと向かっていきました。そして、新渡戸が精力を傾けた国際連盟から日本が脱退した半年後の一九三三年一〇月、新渡戸は平和のための太平洋会議に出席しようとカナダへ出張し、膵臓炎で客死しました。

戦前の平和運動が戦争を止められなかったのは事実ですが、新渡戸や内村、賀川らの事業の基礎にある思想には大事な〝光〟――聖書にある「隣人愛」と「贖罪愛」が見えます。それらは、あらゆる人が尊重され、人として平等でなければならないという人権思想へとつながり、平和と非暴力の訴えの核となっていきました。

新渡戸は亡くなる数カ月前に、「夢と夢見る人」という文章を残し、次のように綴っています。

「全人類が兄弟となり、戦争が人類を引裂くことなく、戦争の噂が女性の心に恐れを抱かせることもない未来の夢を私は夢見る。偉大な夢想家が見た夢で無駄だった夢はない。偉大なる夢でそれに姿を与える実際的天才が見つからなかったものはない」

憲法と教育の礎

日本国憲法は、多くの同胞や隣国隣人たちの犠牲と努力によりようやく生み出されました。なかでも新渡戸が目指した世界平和と国際協力、基本的人権の尊重などは、憲法の柱と言えます。

戦時中の弾圧に耐え、戦後に東京大学に復職した矢内原忠雄《やないはらただお》（後の二代目東京大学総長）は、新憲法制定と活用の議論の中心にいました。その著書『余の尊敬する人物』（岩波新書、一九四〇年）で「内村鑑三と新渡戸稲造とは私の二人の恩師で、内村先生よりは神を、新渡戸先生からは人を学びました。（中略）その意味では私も『札幌の子』であります」と述べています。矢内原は東大教授時代の新渡戸の直接の教え子です。新渡戸は矢内原を含む教え子を自宅に集めて自由な議論をしていて、そこには内村も出入りしていました。

太平洋戦争後初の東大総長南原繁《なんばらしげる》は、矢内原と同様のことを述べています。前田多門《まえだたもん》、安倍能成《あべよししげ》、天野貞祐《あまのていゆう》、森戸辰雄《もりとたつお》といった歴代の文部大臣も新渡戸に学んだ「札幌の子」でした。経済学者の大塚久雄《おおつかひさお》、最高裁判所長官の田中耕太郎《たなかこうたろう》もそうです。後に総理大臣になった石橋湛山《いしばしたんざん》は、新渡戸や内村との直接の関わりはなかったものの、中学時代の校長だった大島正健（札幌農学校一期生）の強い影響を受け、自ら「札幌の子」と称していました。

このうち新渡戸の後継として植民政策学講座の教授になった矢内原を中心に「札幌の子」たちは、二人の恩師亡き後も軍国主義への抵抗を続け、敗戦とともに戦後改革の先頭に立ち、戦後民主主義をリードする論客となっていきました。

石橋首相が肺炎で倒れたことを受けて発足した岸信介内閣が、誕生したばかりの日本国憲法を改定しようと憲法調査会を設置しますが、矢内原は物理学者の湯川秀樹《ゆかわひでき》や経済学者の大内兵衛《おおうちひょうえ》らとともに「（調査会は）民意と良識を必ずしも代表していない」と異議を唱え、憲法問題研究会を立ち上げて国民的議論を始めました。

その議論の肝となったのは、戦争放棄を謳った憲法第九条でした。戦争放棄は新渡戸と内村の絶対平和主義の思想そのものです。北大農学部長だった太田原高昭《おおたはらたかあき》は二〇〇一年に行った講義でこう述べています。

「すでに明治の時代から内村をはじめとする先覚者たちによって穿《うが》たれた恒久平和の水脈は、暗い戦争の時代にも伏流として岩盤の底を流れ続け、国民の真の願いに支えられて時を得るや表層に現れ、大河となって戦後社会にひろがったのです」

この河は教育の戦後改革にも流れていきました。「日本国憲法の精神に則り、教育の目的を明示して、新しい日本の教育の基本を確立するため」(前文)と目的が謳われた教育基本法は、安倍能成を委員長とする教育刷新委員会が生みの親です。この委員会には南原、天野、森戸ら多くの「札幌の子」が参画していました。当時の文部省学校教育局長の日高第四郎《ひだかだいしろう》は、「新渡戸稲造先生こそ教育基本法の育ての親であった」と述べています。

「憲法の平和と民主主義の理念を実現するためには、国民の意識改革すなわち教育の力によらなければならない」ということは、内村と新渡戸が強く訴えていました。その訴えを「札幌の子」たちが受け止め、行動した先に、今日の戦後民主主義社会があるのです。

札幌の女子教育の始まり

札幌農学校や初期の北海道帝国大学では女性の入学が許されていなかった一方で、新渡戸は〝女子教育〟にも心血を注ぎました。

宣教師サラ・クララ・スミスによって一八八七年に札幌に設立されたスミス女学校で、新渡戸は学校経営や授業を担当するなどして全面的に支援しました。新渡戸の勧めにより校名は「北星女学校」に変わり、現在の北星学園大学に至ります。また新渡戸が『武士道』を出版した一九〇〇年、津田梅子《つだうめこ》が女子英学塾(現津田塾大学)を創立する際も全面協力し、梅子が体調を崩してからも授業を受け持ちました。新渡戸が東京帝国大学教授だった一九一八年には、英国留学生の安井《やすい》てつに協力して東京女子大学を設立し、初代学長となりました。また、スミス女学校で学んだ河井道《かわいみち》が一九二九年に恵泉女学園を設立する際も新渡戸は協力を惜しみませんでした。

札幌遠友夜学校は、新渡戸稲造と妻メアリーが一八九四年に開いた夜間の私立学校です。昼間は学校に通えない貧しい子どもたちなど、教育機会に恵まれない人々に無料で教育を施しました。

学校役員は北大の教員が担当し、延べ五〇〇人以上の学生たちが無償で教師を務めました。経営や授業などの面で中心となって学校を支えた人々には、新渡戸の同期生である植物学者の宮部金吾、後輩の文学者の有島武郎、納豆研究で知られる半澤洵《はんざわじゅん》など札幌農学校や後身の北海道帝国大学の教員たちがいました。また、歴史学の高倉新一郎《たかくらしんいちろう》、土壌肥料学の石塚喜明《いしづかよしあき》ら北大教授陣も教師として加わりました。閉校の一九四四年までの五〇年間に五〇〇〇人を超える卒業生を送り出しています。

学びたい者が無料で学び、教えたい者が無償で教え、市民がボランティアで支える「理想の学校」――。生徒たちを縛る強い規則がないばかりか、自由で豊かな言論があり、多くの生徒は慈愛の中で楽しく学んでいたようです。日本の私立学校と近代的ボランティア活動の元祖であり、北海道で最初の社会事業でもある札幌遠友夜学校は、日本の教育史に残る取り組みと言えるでしょう。

協同組合の曙

札幌遠友夜学校は、共通のニーズや願いを持つ人々が自発的に集まり、事業を通して実現するという意味で、「教育の協同組合」に近いものだったのではないでしょうか。

日本人初のノーベル文学賞や平和賞の候補になった作家で、キリスト教社会運動家である賀川豊彦は、先に述べたように、新渡戸とともに太平洋戦争開戦前後の平和運動をリードしてきた人物です。賀川は神戸などで医療協同組合や労働組合、農民組合などを創設したことから、「協同組合の父」とも称されています。その賀川が神戸の貧民街に移住し、献身と伝道の生活に入ったのは一九〇九年、神戸に日本最初の近代的な生活協同組合ができたときです。これは、札幌遠友夜学校が盛んに事業を展開していた時期にあたります。はっきりとした資料は残っていませんが、平和運動における盟友であった二人は、教育分野においても意見を交換し、それぞれの協同組合運動に生かしていたのではないかと推測されます。

賀川と新渡戸は医療分野でも協力しています。一九三二年、二人は東京医療利用組合を創立して日本で最初の組合病院である「新宿診療所」を開設し、のちに「中野組合病院」としてこれを中野に移転させました。同院は現在の東京医療生活協同組合「新渡戸記念中野総合病院」につながっています。

協同組合運動も平和運動も、その淵源にはキリスト者としての「愛と協同」がありました。それは、「愛は相手のことを想うこと　協同はみんなですること　目的はみんなが平等に幸せになること　そのためには一人が万人の為に、万人は一人の為に」（社会福祉法人イエス団賀川記念館「「愛と共同」を基調とした協同組合運動の原点とは――コープこうべ創設者・賀川豊彦氏の社会活動から基本思想を学ぶ」〔https://core100.net/siryo/pdf_siryo/aitokyodo_jpn.pdf〕）という意味です。まさに、利他の精神と平等主義です。

北大建学の精神

北大の建学精神は「フロンティア精神」「国際性の涵養」「全人教育」「実学重視」の四つの基本理念から成り、「創基一五〇年に向けた近未来戦略」（二〇一四年）の中にも記されています。これらの精神は、クラークに始まり、初期の農学校学生たちが引き継ぎ、その後の大学人たちによって発展させられたものです。なかでも新渡戸はそれら四つの理念を、実践を通して教え子たちに伝えた人物と言えるでしょう。

新渡戸は英語に習熟し、アメリカやドイツに留学してさらに学んでいます。農業経済学も法学も哲学も、日本で最初に究めた人たちの一人でした。まさに「フロンティア精神」の塊だったのです。「国際性」は言うまでもなく、クラークが重視した「全人教育」と「実学重視」の教育を全身で受け止めた一人でもあります。

遠友夜学校にはリンカンの言葉「With malice……」と並び、もう一つの扁額が掲げられていました。「学問与《よ》里《り》実行」です。「学問から始まり実行へ」「学問より実行の方が大事だ」など複数の解釈がされていますが、新渡戸自身は、「学問に先立ち身につけるべきものは道義と社会常識だ」と常々言っていました。「専門センスよりもコモンセンスが大事」とも。夜学校の生徒たちには「読み書き話す」「看護法・裁縫」「自立心・協調精神・礼儀」を重視して教えていました。また生徒と教師による自治会、学芸会、先の「倫古龍会」や文集発行、登山や社会見学、弁論大会など課外活動にも力を入れていました。

こうした活動を通じて、利他の精神、協力と協調、人権と民主主義といった「現代の徳目」を伝えていきました。新渡戸が教育で重視したのは、北大の建学精神そのものだったと言えます。

台湾砂糖をめぐる「利益」

新渡戸は台湾のサトウキビ栽培と製糖業を発展させたとも言われています。

日清戦争で清国に勝った日本が一八九五年の「下関条約」で台湾を領有しました。台湾が清国から日本へ割譲されることを知った台湾の人々は独立などの要求を掲げて運動を始めましたが、日本政府は軍を急いで投入し、台北を制圧して台湾総督府を設立し、統治を始めます。

このとき、第四代台湾総督児玉源太郎《こだまげんたろう》は「台湾統治の要諦は財政独立にある。それには産業振興が急務」と考え、民政局長後藤新平《ごとうしんぺい》の協力を得て計画を練りました。そしてこの事業の指導者にふさわしい者として、「北海道拓殖」を経験した新渡戸に白羽の矢が立ったのです。

新渡戸はこのころ、アメリカで『武士道』の原稿を執筆しているところで、札幌農学校からも教授就任を要請されていたので迷いましたが、一年の赴任猶予を条件に、岩手同郷の後藤からの再三の懇願に応じることにしました。一年間、新渡戸はスペイン、イタリア、エジプトなどの「植民事業」の詳細な現地視察を行い、

『糖業改良意見書』をまとめます。内容は、台湾全島に灌漑用水、鉄道、道路などのインフラを整備し、近代的製糖工場を日本資本でつくることに加え、農業、商工業、経済、金融、学校教育など多岐にわたる分野で台湾改革を目指す総合的な計画です。この計画が実施されたことで、一九〇〇年に三万トンだった砂糖生産量は、一九五〇年代に二〇〇万トンに急増しました。コメとともに台湾の基幹産業になったのです。

ただし、新渡戸に優先的に求められたのはあくまでも総督府の経済的な利益を引き上げることでした。計画実施後、現地のサトウキビ農家は自ら販売価格を決めることができなくなり利益が減少したことが矢内原の『帝国主義下の台湾』(岩波書店、一九二九年)で報告されています。また、新渡戸は世界に対しても、日本に対しても日本という国や民族の優位性を主張する一方で、朝鮮やアイヌ民族を劣位にあるものとみなそうとした一面も残念ながら認められます(「亡国」・「枯死国朝鮮」『新渡戸稲造全集 第五巻』教文館、一九八四年)。

植民地主義が当然視されていた時代、「世界平和」を希求していたはずの新渡戸さえ、目指すべき平和や人権のあり方を大きく間違えてしまったのです。私たちは新渡戸の両面にしっかりと目を向けた上で、今日の危機を突破するための〝光〟を受け止め、広げていきたいと思います。

[第一章執筆：久田徳二]

第二章

新渡戸稲造の生涯

盛岡藩士の三男に生まれる

新渡戸稲造は、幕末の一八六二年九月一日（文久二年八月八日）に、盛岡城下で盛岡藩士新渡戸十次郎《じゅうじろう》の三男・稲之助としてこの世に生を受けました。兄二人、姉四人の末っ子です。古典の読み聞かせをしてくれた父を五歳のときに失います。

西洋文化に大きく影響を受けた家庭で、英語にも触れて育ちました。新渡戸は『幼き日の思い出』（丸善、一九三四年）で次のように書いています。

「家のかかりつけの医者は進歩的な考えの人で、英語の極意を私たちに手ほどきしてくれたが、彼とてほんの生かじりの知識しかなかった」

稲之助は九歳のとき、東京にいる叔父・太田時敏《おおたときとし》の提案で上京します。叔父の養子となり太田稲造と改名しました。明治の文明開化の真っ盛りの頃です。南部藩の財政を立て直すために三本木原《さんぼんぎはら》（現在の青森県十和田市）の開拓事業を始めた祖父傳《つとう》がこの年に亡くなりました。

藤井茂・長本裕子著『すべての日本人へ――新渡戸稲造の至言』（新渡戸基金、二〇一六年）によると、盛岡の医師は稲造に「かに文字」（アルファベット）とともに、フォークやナイフ、ペンのことも話したので、それが普通に使われている東京に憧れをもったようです。

そして東京で外国人から英語を学ぶうち、もっと上達したいと思うようになり、一八七三年に東京外国語学校英語科に入ります。ここには後に北海道帝国大学初代総長となる同郷の佐藤昌介《さとうしょうすけ》がいました。新渡戸は六歳上の佐藤を兄のように慕い、二人の関係は生涯続きました。

精神の骨格が形成された札幌時代

アメリカ・マサチューセッツ農科大学学長ウィリアム・スミス・クラーク博士が教頭として招かれた札幌農学校に太田稲造は一五歳で入学しました。二期生の仲間には内村鑑三、宮部金吾、広井勇《ひろいいさみ》らがいます。彼らが入学した一八七七年の秋にはすでにクラークは札幌を離れていましたが、その精神はしっかりと浸透していました。

クラークが残した言葉の一つである「Be gentleman」（紳士たれ）は、他者に決められた規則ではなく、自己の良心に従って行動すべきであるということを意味します。そこには自分で判断しなくてはならない自由主義、リベラリズムの厳しさがあります。クラークが学生たちとの別れの際に述べたとされる言葉「Boys, be ambitious」も今日まで伝わっています。クラークはキリスト教入信を学生たちに誓わせました。

稲造は四年間で、農学校図書館のすべての本を読んだと言われています。視力が急激に低下し頭痛にも悩んだようです。また、三年生の終わりには最愛の母を亡くし、鬱病と思われるような状況にもなりましたが、農政学や農業経済学を学び続け、「Principle and Importance of Agriculture」（農業の原理と重要性）という題で、卒業演説をしました。

札幌農学校の学生は寄宿舎で生活し、その費用も授業料も無料で、多少の小遣いももらえます。その代わり、卒業後五年間は北海道の「開拓」のために働くことが義務付けられていました。稲造は農学校卒業後も勉強を続けたいと願っていましたが、約束に従い、北海道開拓使御用掛勧業課に勤めます。しかし、一八八二年に開拓使が廃止され勤務二年で自由の身になったため、再び勉学を志し東京大学入学を目指して上京します。

札幌で得た膨大な知識と実学、盟友との出会いは、新渡戸にとって生涯の財産でした。

東京、アメリカ、ドイツで

東大の入試面接で、入学したら何をしたいのかと問われたとき、新渡戸は「農政学をやりたいが東大にはその学問はないので、経済、統計、政治学、さらには英文学もやりたい」と答えました。面接した文学部教授は、農学校を出ているのに英文学をやりたいという新渡戸の返答は意外だったようで、それをしてどうしたいのかと再度問います。これに対する返答として、かの有名な言葉が新渡戸の口から飛び出しました。「太平洋の橋になりたい」と言ったのです。さらに、日本の文化や思想を外国に伝え、外国の文化を日本に紹介したいと訴えました。

無事に入学した東大で一年間学んだ新渡戸でしたが、一八八四年の二三歳の誕生日、期待に胸を膨らませて横浜港から船に乗りました。兄のように慕う佐藤昌介が留学先のアメリカから送ってきた経済学の論文「進歩と貧窮」（ヘンリー・ジョージ、一八七九年）がきっかけで、学問が進んでいるアメリカに早くも留学することにしたのです。

アメリカではアレゲニー大学でしばらく過ごしたのち、佐藤の誘いでボルティモアにあるジョンズ・ホプキンス大学に移りました。アメリカでの三年間にはいろいろな人との出会いもありました。国際連盟を提唱したトーマス・ウッドロー・ウィルソン、後に妻となるメアリー・パターソン・エルキントンなどです。ここで新渡戸は農学の学問はもとより、お互いの人格を尊重する心、デモクラシーの本質などを身に付けました。

留学中の生活費などを心配してくれた佐藤は、母校・札幌農学校の教授となっていました。一八八七年、前年に設置された北海道庁に佐藤は掛け合い、新渡戸を助教として雇うことと官費によるドイツ留学を認めてもらいました。この年、母校では同窓会組織「札幌同窓会」（現札幌農学同総会）が創立されます。

生活費の心配なく好きな研究をドイツの三大学（ボン大学、ベルリン大学、ハレ大学）で行い、多くの世界的研究者と知己を得たことは、新渡戸にとって国際性の涵養に大きく役立ちました。しかしアメリカ留学の直前に次兄を亡くし、ドイツ留学時に長兄も亡くなるという家族の不幸がありました。そのため三男の稲造は養父先の太田から新渡戸に姓が戻りました。

一八九〇年七月、長いあいだ文通をしていたメアリーの待つフィラデルフィアに新渡戸は到着し、半年後に結婚の許可を得て、翌一八九一年、教授として母校・札幌農学校に戻りました。

盛岡の塾、東京英語学校、札幌農学校、一年間の東京大学、そして米独留学は、二八歳までの新渡戸に膨大な知識と人格形成の機会をもたらしました。

札幌遠友夜学校の創設

母校では、農政学、植民学、農業史、農業総論、経済学、英文学、ドイツ語などを、留学で得た先端知識を交えて教えました。その他に、設立されたばかりの北鳴学校やスミス女学校でも教壇に立ちました。そのような中、メアリーの実家で養われ、成長後はその家で家政婦を務めた元孤児が亡くなり、遺産が入ることになりました。そこで新渡戸夫妻は遺産を使い、十分な学校教育を受けていない子どもたちのための私立学校を一八九四年に創設しました。場所は、現在の札幌市中央区南四条東四丁目です。病気で亡くした最愛の一人息子・遠益《トーマス》の名を一文字を使い「札幌遠友夜学校」と名付けました。

遠友夜学校ができて三年半後の一八九七年、新渡戸は日頃の過労がたたって体を病みます。札幌を離れ、鎌倉、沼津、伊香保温泉で療養し、一年後にはアメリカで本格的に静養することにしました。

『武士道』の出版

新渡戸の多くの著書の中で最も有名な『武士道』は、アメリカで療養中に執筆されました。日本の文化や道徳、日本人の精神を英語で紹介したもので、一九〇〇年にアメリカで出版されました。

新渡戸はなぜこのような専門とはかけ離れた本を書いたのでしょうか。ドイツ留学時代の有名なエピソードがあります。ベルギーの法学の大家ド・ラブレー教授に招かれてともに数日を過ごし散歩をした際、「日本では宗教教育なしでどのように道徳教育を授けるのか」と問われ、新渡戸は答えに窮したのでした。メアリーからも同じような質問が日常的にあったようです。その答えを一〇年ほどたって出したのがこの本でした。

この本には多くの日本語訳版が存在します。中でも矢内原忠雄訳の岩波文庫版は一〇〇刷を超えるベストセラーです。この本に感動した当時のアメリカ大統領セオドア・ローズヴェルトは、すぐに三〇冊も買い、家族や周りの人々に配ったと伝えられています。

新渡戸は『武士道』以外にも、『随想録』『修養』『自警』『東西相触れて』『一日一言』『世渡りの道』など多くの本を執筆しています。また『武士道』に関しては、その関連書籍も多くの人によって出されています。台湾の総統を務めた故・李登輝《りとうき》の『「武士道」解題』もその一つです。

新渡戸のもとで育った人々

遠友夜学校は、二〇歳前後の農学校生も教壇に立ったため、年若きリーダーの育成の場になりました。札幌農学校生の四割近くが全国の中等・高等教育の教師となっています。

そのような中で傑出した人物と言えば、札幌農学校一九期生の有島武郎と半澤洵でしょう。『カインの末裔』や『生れ出づる悩み』で有名な有島は、遠友夜学校の校歌を作りました。半澤洵は、応用菌学講座の初代教授で納豆博士として有名で、新渡戸が亡くなった後、メアリー夫人に続いて三代目の夜学校の校長を務めました。なお、その弟子であり応用菌学講座の二代目教授の佐々木酉二《ささきゆうじ》が夜学校の校旗と校章をデザインしました。半澤を最後まで支えたのは高倉新一郎（農業経済学）や石塚喜明（土壌肥料学）です。

新渡戸は一九〇三年に京都帝国大学法科大学の教授となります。新渡戸はすでに農学で博士号を持っていましたが、京大からは法学博士号を授与されます。一九〇六年には第一高等学校（旧制一高）の校長、一九〇九年には東京帝国大学法科大学の教授も兼ねることになります。

恒久平和の願い

新渡戸の晩年の仕事の一つは、国際連盟事務次長です。主にヨーロッパが戦場となった第一次世界大戦が一九一八年一一月に終結すると、新渡戸は同郷で台湾時代の上司筋にあたる後藤新平にヨーロッパの状況を見にいこうと誘われました。アメリカ経由でヨーロッパに着いた二人は、パリのホテルに滞在しているときに、パリ講和会議に出席していた次席全権大使・牧野伸顕《まきののぶあき》らに偶然会いました。牧野は新渡戸を一高の校長に推薦した元文部大臣です。ここで新渡戸は、アメリカ留学時代の学友・ウィルソン大統領の提案で国際連盟が設立されたことを知ります。そして国際連盟の事務次長の就任を乞われ、受諾したのです。

　その後、新渡戸はスイスのジュネーブで国際連盟の仕事をして、一九二七年に帰国します。帰国後は講演や執筆が中心の生活でした。また、教え子であり貴族院議員の森本厚吉《もりもとこうきち》（札幌農学校一九期生）の設立した女子経済専門学校（現新渡戸文化短期大学）の校長や、太平洋問題調査会の理事長としても活動しました。そして、七一歳のときにカナダのヴィクトリアで客死します。

　新渡戸は亡くなるときまで「恒久平和」を願い、そのためのリーダーを育成してきました。新渡戸や新渡戸に育てられた国際人たちを抱えながら、なぜ日本はあの無謀な戦争に走ったのでしょう。当時東大教授だった矢内原忠雄は、まだ日本が混沌としていた一九四六年九月二七日に北大ＹＭＣＡの招きで来札し、数千人の北大の学生と教職員の前で次のように話しています。

「この両先生（内村鑑三と新渡戸稲造）没してまだ多くの年を経ていないのに、折角両先生が努力と熱心を籠めて築き上げようとせられた日本国は壊滅したのであります。（中略）この二人の先生が建てようとした如く日本の国が建てられたならば、日本は今日の悲惨なる国辱、困難を見ることなくして、われわれも諸君も平安に学問に従事し、仕事に従事することが出来たであろう。しかるにこの両先生の志したところに反対する思想と勢力が日本を指導したがために、今日の有様となったのである。それがゆえにわれわれが日本の国を再び興すというならば、自分たちはもう一度札幌農学校創立当時に帰って、そこから再出発しなければならない。（中略）諸君はこの学校に学んでおられる。諸君の大先輩たる両先生が、明治の初年において、この札幌の地から新日本を興すヴィジョンを持って学ばれたこのことを回顧しつつ、この由緒ある土地にあって、明治維新に次ぐ国家大事の秋《とき》において、この学校に学んでおられるのであります。諸君があるところの位置をよく考えて下さい。日本を復興する力は何処から出て来ますか。それがこの札幌の地から、この内村、新渡戸両先生の後輩であると自覚する諸君の中から生まれてくることを私は衷心希望する次第であります」（蝦名賢造『札幌農学校』「札幌農学校」復刻刊行会、二〇一一年）

新渡戸の心を伝える

新渡戸の故郷、元南部藩の岩手県や青森県には、新渡戸の名を冠した顕彰があります。新渡戸が生まれた盛岡市では、一九八七年に「盛岡市先人記念館」が開館しています。盛岡にゆかりのある先人一三〇名を顕彰し、多くの人材を輩出した盛岡を広く紹介する施設です。海軍大臣・米内光政《よないみつまさ》（一八八〇～一九四八年）や、「アイヌ叙事詩ユーカラの研究」で知られる言語学者・金田一京助《きんだいちきょうすけ》（一八八二～一九七一年）らの展示もありますが、もっともスペースを割いて紹介されているのは新渡戸です。

盛岡にはさらに、「一般財団法人新渡戸基金」があります。大学院生を中心に研究費の助成を行っている

「新渡戸基金維持会」とともに、新渡戸の業績に関する調査研究と異文化理解の促進を図る活動をしています。

また、盛岡市から南へ四〇キロメートルほどの花巻市には、新渡戸一族を紹介する「花巻新渡戸記念館」があります。新渡戸の先祖は関ヶ原の戦いの二年前から約二三〇年間にわたってこの地に居住し、花巻城に勤める武士たちの指導にあたるとともに、新田の開発に情熱を傾けていたそうです。祖父の傳は、不毛の地だった三本木原の上水道の開削に着手し、新渡戸の父の十次郎、兄の七郎《しちろう》と三代にわたって現在の十和田市の発展に貢献しました。同館では、こうした新渡戸家の足跡をゆかりのある品々とともに紹介しています。

さらに、十和田市にも「新渡戸記念館」があります。新渡戸の遺品とともに、祖父・傳による三本木原開拓の資料や新渡戸家伝来の甲冑などが展示されています。なお、同館は「私設新渡戸文庫」が前身だそうです。私設新渡戸文庫とは、新渡戸が蔵書の一部約七〇〇〇冊を寄贈して一九二五年に傳の墓所・太素塚《たいそづか》地内に設立された図書館です。

東京にも新渡戸と関わりの深い施設がいくつもあります。東京女子大学では、新渡戸が寄贈した膨大な書籍を保管し、学長自ら新渡戸に関する講演をしているそうです。また東京には、新渡戸の教え子・森本厚吉の設立した新渡戸文化学園、同じく新渡戸の教え子・河井道の設立した恵泉女学園といった教育機関のほか、新渡戸記念中野総合病院などもあり、新渡戸に関するさまざまな活動が続いています。

では、札幌ではどうでしょうか。札幌遠友夜学校の閉校時には、北大の半澤洵名誉教授が三代目の校長を務め、農学部の高倉新一郎助教授と石塚喜明助教授がサポート役を担っていました。彼らを中心に財団法人遠友夜学校が設立され、閉校後も敷地と建物を維持したのですが、一九六二年に土地の利用計画が持ち上がったため、札幌市に寄付申立てをしました。二年後、札幌市勤労青少年ホームが建設されることが決まり、財団は一九六四年に解散となります。新しい建物の中には新渡戸記念室が設けられ、ゆかりのある品々が展示されていましたが、二〇一一年、建物の老朽化と耐震性の問題により、多くの人に惜しまれながら取り壊されました。

しかし当時の新渡戸に関する組織的な活動は、記念室があった頃も含めて少なくとも六〇年はほとんどなかったようです。一九九四年には、石塚喜明教授を委員長として「札幌遠友夜学校創立一〇〇年記念」の祝典が催され、『思い出の遠友夜学校』（北海道新聞社）が出版されましたが、それまでは個人的な活動だけが続いていました。北大の三島徳三《みしまとくぞう》名誉教授、藤田正一《ふじたしょういち》名誉教授、弭和順《ゆはずかずより》教授、佐々木啓《ささきけい》特任教授らが新渡戸に関する書籍を出版したり、そうした書籍の読書会や講演会などが行われたりしていました。

記念室が取り壊された後、二〇一三年に「新渡戸稲造と札幌遠友夜学校を考える会」（以下、「考える会」）が発足しました。翌年に一般社団法人化されています。代表理事には秋山記念生命科学振興財団の秋山孝二《あきやまこうじ》理事長が就きました。財団法人遠友夜学校の解散後、札幌で約五〇年ぶりに新渡戸に関連する団体がつくられたのです。

札幌農学同窓会のはたらき

発足当初、考える会は北大とのつながりをもっていませんでした。そこで、農学部の卒業生が数多く所属している私たち「札幌農学同窓会」に声がかかりました。札幌農学同窓会は、札幌農学校が開校した一一年後に設立した「札幌同窓会」が母体です。その理事長を務めていた筆者が「考える会」の理事長も務めることになりました。

札幌農学同窓会は、北海道新聞編集局の協力のもと北大農学部・農学院・農学研究院が二〇一二年から行っている「時計台サロン「農学部に聞いてみよう」」の後援もしています。時計台サロンとは、「農と食」を広く学ぶ市民公開講座で、農学部の現役教員・同窓会員のほか、関連する研究者・企業人などが講師を務めます。会場は基本的に札幌市時計台（旧札幌農学校演武場）ですが、「札幌以外でも開催して欲しい」という要望に応えるため、札幌農学同窓会では、講師が道内外のどこへでも出張して講演を行う「出張時計台サロン」も始めました。地域、企業、団体、グループ単位での学習会などで活用されています。

また、二〇一九年からは、農学院修士課程を対象とした「リーダーシップ学総論」という全八回の授業が始まり、毎年度、札幌農学同窓会の三名が講師を務めています。

新渡戸が「太平洋の橋」を目指したように、札幌農学同窓会もこうしたさまざまな活動を通して「大学と社会の橋」となろうとしてきました。新渡戸は『一日一言』（実業之日本社、一九一五年）に次の言葉を残しています。

「知識思想は天よりの預かりものなれば、一人一家の秘蔵すべきものではない。あまねく世界に提供すべきもの。すなわち衆生一般とともに楽しむもの」

二〇一三年には、北大で学生たちを対象とした「新渡戸カレッジ」が始まりました。国際的に活躍している卒業生をフェローとして招き、その知識や経験から北大の学生たちが学ぼうというもので、新渡戸について直接知ることのできる授業ではありませんが、国際人としての新渡戸の存在が学生たちにも伝わる機会になっています。

北大は二〇二六年に創基一五〇周年を迎えます。二〇二二年、一五〇周年に向けた「応援事業」に「考える会」の活動が位置付けられることになりました。寶金清博《ほうきんきよひろ》総長と横田篤《よこたあつし》理事・副学長のご尽力によるものです。

札幌農学同窓会でも、役員や代議員一〇名を中心に記念事業を進めています。たとえば、農学部中央棟八階にある「エルムの鐘」の修理もその事業の一つです。また、一九〇一年に建築された旧昆虫学教室の建物をリフォームして「北海道ワイン教育研究センター」を設置することにも協力しました。札幌農学校時代に描かれた植物画のデジタル化も手がけています。

そして、二〇二四年一月、一般社団法人新渡戸遠友リビングラボが設立されました。リビングラボは、「考える会」を前身とする団体で、札幌農学同窓会を率いてきた多くのメンバーがその運営に携わっています。現在、新渡戸稲造の精神や理念を生かしながら現代社会における課題をみんなで解決していくための拠点

「ＮＥＬＬ」を設置・運営する「ＮＥＬＬプロジェクト」が進められています。次章で詳述しますが、ＮＥＬＬプロジェクトはまさに、知識を「あまねく世界に提供すべきもの」と考えた新渡戸の意志を引き継ごうとするものです。

［第二章執筆：松井博和］

第三章

〈利他の精神〉を引き継ぐＮＥＬＬの活動

社会の課題を解決するために

一九六〇年、「北大創基八〇年記念事業」の柱の一つであったクラーク記念会館が完成しました。工学部建築工学科建築計画第一講座の太田實《おおたみのる》教授が設計を担当しました。クラーク記念会館で初めて入学式が行われた際、杉野目晴貞《すぎのめはるさだ》学長（当時）は次のように挨拶しています。

「新教育の理念は全人教育にある。専門の知識は教室で与えられる。しかし、人格の形成は、課外の教官と学生、学生と学生の人間的接触によって初めて可能となる。そしてお互いが接触する場、それがクラーク会館である」（蝦名賢造「札幌農学校・北海道大学百二十五年――クラーク精神の継承と北大中興の祖・杉野目晴貞」『蝦名賢造・北海道著作集第二期第一巻』西田書店、二〇〇三年）

北大創基以来、綿々と受け継がれてきたクラークの精神を表す言葉と言えるでしょう。この精神を独自の道徳・倫理教育へと昇華させたのが新渡戸稲造です。杉野目学長の挨拶からは、当時もなお新渡戸の目指した教育の場が求められていたことがうかがえます。

一方、現代社会においては、道徳という観念が希薄化していると言われます。高い知識や技術を獲得し、その知財を社会に還元していくべき大学人の倫理観も揺らいでいます。新渡戸は、『武士道』の中で「ノブレス・オブリージュ」(Noblesse Oblige) の重要性を説きました。公の利益のために自分にできることを進んで行うことは、『武士道』発刊から一二〇年以上経った今も重要です。

また、昨今、パンデミックや災害など大きな社会変化が起こる局面において、既存の枠組みによる専門知識だけを使って問題を解決していくことが難しくなっています。たとえば、ＳＤＧｓの一七の目標のうちの一つを達成するためには、他の複数の目標も同時に達成していく必要があります。社会の課題は互いに影響しあって存在しているからです。課題解決のためには、多様な分野の知識を統合し、多様なステークホルダー（利害関係者）の参加を得て、新たな知を創造するプロセスを構築・実践していく必要があります。

新渡戸遠友リビングラボと新たな拠点ＮＥＬＬ

二〇二四年一月に筆者らが設立した一般社団法人新渡戸遠友リビングラボは、「新渡戸稲造と札幌遠友夜学校を考える会」を前身とする団体であり、札幌農学同窓会を率いてきた多くのメンバーがその運営に携わっています。新渡戸遠友リビングラボでは、新渡戸稲造の精神や理念を生かしながら現代社会における課題をみんなで解決していくための拠点「ＮＥＬＬ」を設置・運営する「ＮＥＬＬプロジェクト」を進めています。

ＮＥＬＬは、かつて遠友夜学校が立地していた場所（札幌市中央区南四条東四丁目）にある新渡戸稲造記念公園の敷地内に設置されます。そこでは、専門的な知識を持った人が他の人に情報や知識を一方的に伝えるのではなく、さまざまなバックグラウンドや経験を持つ人が教えあったりアイデアを出しあったりしながら、新しい社会価値を生み出すことを目指します。これは、オハイオ州立大学のLiz Sandersが説く“Co-Design”(参加型デザイン)という考え方とも通じるものです。これは、“Design for People, Design with People”(人々のためのデザイン、人々とともにあるデザイン)の時代から“Design by People”(人々によるデザイン)の時代へ向かい、自らが解決方法を創造して実践していくために必要不可欠な理念です。

創成イーストにまちづくりの拠点を

札幌都心部の最新の都市計画は、第2次都心まちづくり計画(二〇一六年五月策定)に定められています(図2)。この計画によれば、南北に伸びる東四丁目通を新たに「いとなみの軸」と命名し、その周辺地域が「創成イースト」と呼ばれることになります。新渡戸稲造記念公園は、創成イーストの南エリアに属し、重要な都市施設として位置付けられました。

東四丁目通、すなわち「いとなみの軸」は、創成イーストの「職・住・遊」を支える多様な機能の複合化と、南エリアと北エリアの回遊性を向上させる機能を期待されています。この南端に位置する新渡戸稲造記念公園にNELLが建設されれば、子どもから高齢者までさまざまな人が交流し、活動する新しい公園として生まれ変わるでしょう。このことは、札幌市の都心まちづくり計画においても重要な意味を持ちます。

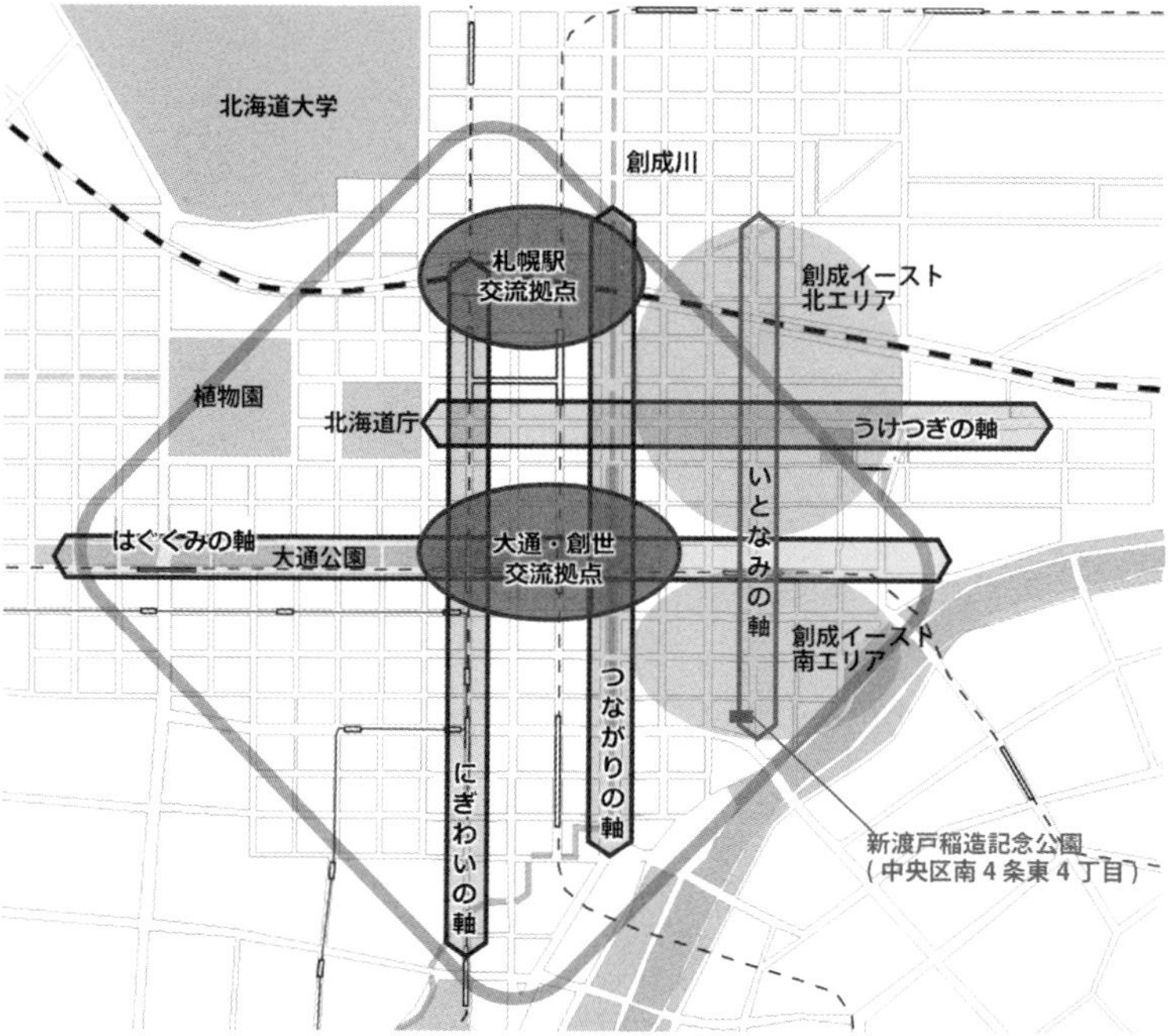

図２　第２次都心まちづくり計画と新渡戸稲造記念公園
（札幌市第２次都心まちづくり計画の図版に筆者が加筆）

こうした中で、創成イーストのまちづくりを推進するために、地元のまちづくり会社として「一般社団法人さっぽろ下町づくり社」（以下、「下町づくり社」）が設立されました。創成イーストの魅力は、札幌の商業の中心地に隣接しながら、暮らしとなりわいのある昔ながらの下町的な佇まいも残っていることです。下町づくり社は、その活動方針について、「住民、企業・事業者をはじめとした、まちに関わる様々な〝ヒト〟が、創成イーストの価値を共有し、まちを自らの日常の一部として使いこなし、愛着の持てる身近な居場所としていくこと」を挙げています。これは新渡戸遠友リビングラボの活動方針とも合致するため、NELLプロジェクトは下町づくり社と連携して進められることになりました。創成イーストのまちづくりに興味のある方々や、今までまちづくりを牽引してきた連合町内会や北海道神宮頓宮なども協力しながら、地域の新たな拠点となることを目指していきます。

大学・行政・市民・企業の連携がもたらす効果

NELLプロジェクトの目的は、人材育成・情報発信・課題解決を、かつての遠友夜学校の価値と理念の継承も含めて展開することであり、一般社団法人新渡戸遠友リビングラボ、北海道大学を中心とした札幌近郊大学、札幌市、地域住民、地元企業が参画して推進していきます。多様な立場の人々が連携することで、次の四つの効果をもたらすことができます。

①大学などの知財、人材が関わることによる効果
・サステイナビリティ活動の発信拠点の形成
・知的資産を用いた地域支援・地方創生
・新たな拠点となる建築空間を活用したまちづくりやコミュニケーション技術などの検証と開発
・SDGs活動による研究実践・成果の発信

②リビングラボというプラットフォームができることによる効果
・外に広く開かれた場・関係性の表現と実践
・ボランティア活動の拠点の形成
・人材育成の場・システムの構築

③札幌市が関わることによる効果
・使いこなす時代の「公園」モデルを協働で提示（札幌都心型ライフスタイルを支えるパブリックスペースの創造）
・創成東エリアのまちづくりとの連動（地域課題解決、さっぽろ下町づくり社などの新たなまちづくりの動きとの連携）

④市民・企業が関わることによる効果
・さまざまな企画の実現
・新たな情報発信
・多世代の人々の交流・相互理解の促進
・新たなコミュニティの形成

この中でも特筆すべきは、大学が歯車の一つになってプロジェクトを推進することです。大学（特に国立大学など、研究を優先する大学）の重要な社会的役割として、先端的な研究の成果を使って社会のニーズに応えることが挙げられます。こうした大学による社会還元を「エクステンション」と言います。とりわけ昨今は、地域社会に対するエクステンション――地域の具体的な課題解決にどのようにコミットするかという姿勢が重視されています。こうした姿勢は地域の人々にとって学問へのアクセシビリティ（アクセスのしやすさ）につながります。また、大学は、単なる生涯教育としての学習の場だけではなく、社会の変容に合わせた職業能力の再開発・再教育の機会を提供することもできます。ＮＥＬＬでの活動は、大学の持つこうした役割を果たす場になっていくはずです。

また、公園という都市施設は、誰でもアクセス可能な居場所であることは言うまでもありませんが、ＮＥＬＬが設置されることによって、新渡戸稲造記念公園は新たなパブリックスペースとして再生されます。従来の公園の整備事業（再整備も含む）は、公園での利用者の行為を想定しながらそのための機能を具体的に配置するというやり方で行われてきました。しかし今回のプロジェクトは、公園という空間を〝ハード〟として捉えるだけでなく、環境として地域の中に位置付け直し、活動の場として市民に使いこなしてもらうための〝ソフト〟の発想も同時に組み込んでいます。公園やＮＥＬＬを「使いこなす」ことを通して、広い視野を持って社会環境を改善することのできる人材を育むことを考えています。

遠友夜学校のあり方にならって

それでは、リビングラボは具体的にどのような空間で構成されるべきでしょうか。それを考えるにあたり、ＮＥＬＬのルーツである遠友夜学校がどのような特徴を持った空間であったのかを考えてみます。

遠友夜学校の詳細を知ることができる二つの文献――札幌市教育委員会編『さっぽろ文庫18　遠友夜学校』、札幌遠友夜学校創立一〇〇年記念事業会編『思い出の遠友夜学校』から、その特徴に関する記述を抜き出してみると次のようになります（ルビ筆者）。

①「遠友夜学校は、破れ塀に囲まれた矮屋《わいおく》を板戸で区切った二教室で始まった」
②「大学の職員生徒が市民教育に参画しながら自らも人生を学び、考え、知る機会を得る場」
③「遠友夜学校は、市民と大学職員、学生とが深い関係を持つ最大の接点」
④「教室だけでなく、教師と生徒、年齢、職業、男女のバラエティに富む生徒同士、先輩も含んだ人間交流の場が常に用意されていた」
⑤「人間の交流の場は、校内に限らず、「遠遊野学校《えんゆうやがっこう》」とも呼べるほど、自然・日光の中にも展開する」

①はつまり、板戸を開放して一教室にすることもできたということでしょう。ＮＥＬＬもフレキシブルに間仕切りができる空間構成にすることが望ましいと言えます。

②～④からは、教員や学生が市民と一緒に考え、同時に知識を得ていくという全人教育のシステムを強く志向していたことがわかります。そのような双方向の学習を通じて、人々の間に深い人間関係が形成されていったわけです。このようなシステムを再現するためには、教える立場と教えられる立場の上下関係が感じ

られない、フラットな空間をつくる必要があります。

⑤は、教室だけでなく屋外でも積極的に活用することで、伸びやかな交流が生まれていたということです。NELLの建物と公園も自由に出入りできます。双方を利用した活動がスムーズにできることを前提とした空間づくりが必要でしょう。

以上のことから、このプロジェクトの空間づくりについて「柔軟であること」「フラットであること」「内部と外部が連続していること」という三つの条件が導かれます。単なる記念館や閉鎖的なパビリオン(展示館)をイメージさせるような構成の建築は、このような条件にそぐわないでしょう。

また、社会連携や社会貢献といった大学の役割を果たす拠点としては、ビルの中にあるサテライト大学のような従来の様式にもやはり限界があります。一般市民が大学に対して持つ〝敷居が高い〟というイメージを払拭していくためにも、建築自体が外に向かって開かれていて、誰でも自由に出入りできる状態でなければなりません。

現在の新渡戸稲造記念公園は一般的な街区公園で、子どもの遊び場として整備されています。しかし、札幌都心部の公園としては、新しい価値観や生活様式に対応し、子どもからお年寄りまで、あるいは地域の人だけでなく外部の人も、さまざまに使いこなすことのできる施設となっていくことが望まれます。

コンセプトに沿った空間づくり

今回の空間づくりの三つの条件「柔軟であること」「フラットであること」「内部と外部が連続していること」を満たす建築物としては、まずは「一つの屋根で覆われた空間を持つ平屋」がふさわしいと考えました。そこから具体的な空間デザインを考えていき、次の五つの要素を持たせました。

・整然とした構造がつくりだすスケルトンな空間。そしてその構造が一つの屋根を支える
・多様な活動をフレキシブルに受け止める一つの大きな空間を確保する
・活動スペースは、可動式の壁や家具、建具によりさまざまな使い方に対応できる
・公園に接する面積を最大化できる構成とし、公園に対して広く開くことができる開口部と形状をとる
・公園部分と建築内部で連続的に行われる活動を支える開口部がある

さらに、大学が参画する建築活動で求められるのは、建築物をつくることそのものによっても社会課題を解決することです。北海道大学が明らかにしている「第四期中期目標・中期計画」には、次のようにあります。

「本学の設置の経緯や発展の歴史を踏まえ、美しいキャンパスや広大な研究林等本学が保有する物的・知的資産及び地方自治体や海外大学等との連携協定を活用し、持続可能な社会の構築に資する教育、研究、社

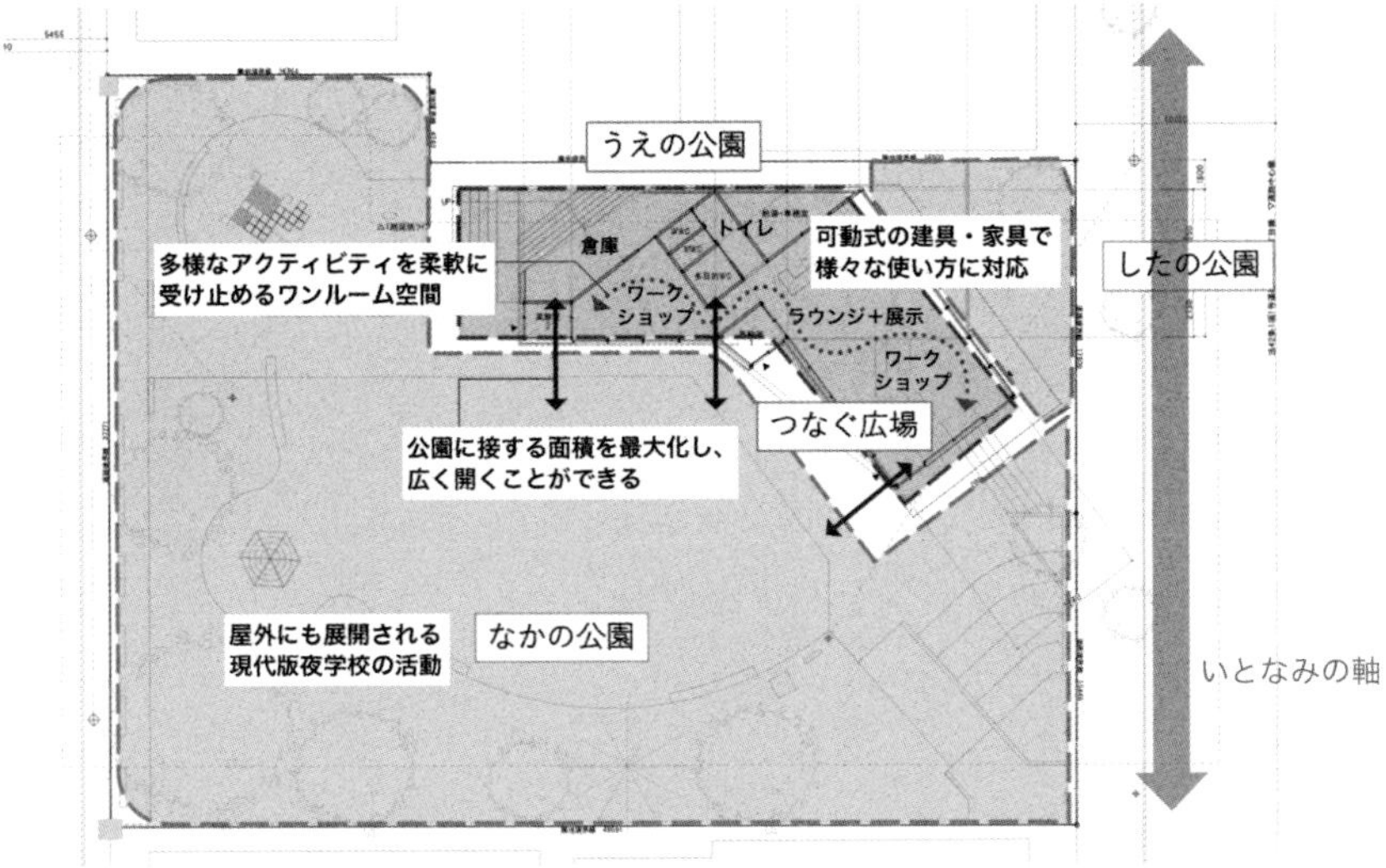

図3　新渡戸稲造記念公園とNELLの全体構成

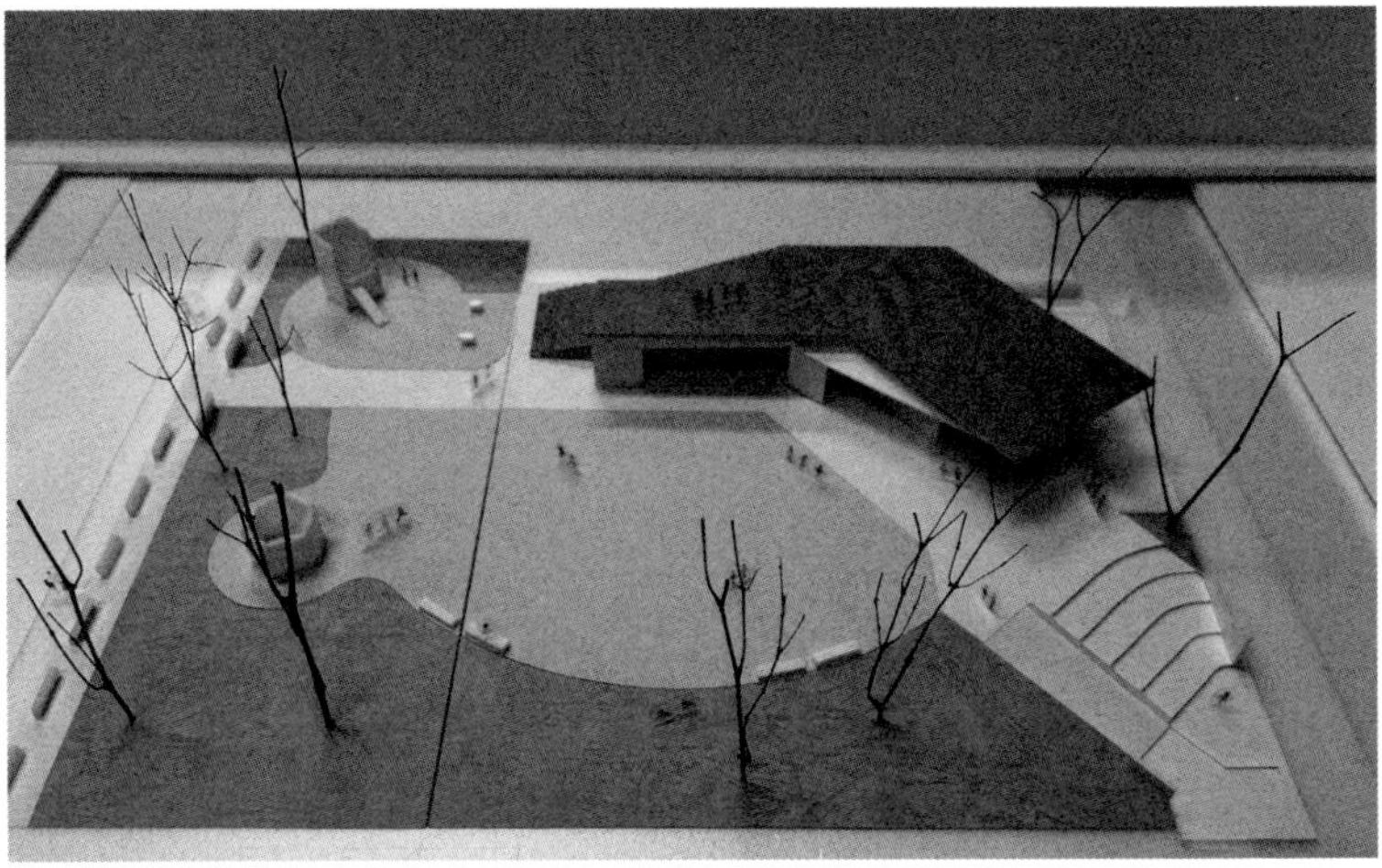

図4　新渡戸稲造記念公園とNELLの模型

会連携等を推進することで、ＳＤＧｓの達成に貢献する」

これに関連した取り組みとしてプロジェクトを位置づけるため、ＮＥＬＬ全体を木造とし、その建築資材として北大の研究林を活用することにしました。木材の物量を事前に把握するためには、設計をかなり前倒しして行う必要があります。特に建物の構造設計に関する方向性は、通常より約二年前倒しで決めなければなりません。二〇二二年より北大と協議を進め、中川研究林のトドマツ八一四本、一九二・三四九立法メートルを購入することに決まりました。

トドマツを構造材にするためには、大きな工夫が必要です。大学の研究林では、木は研究を目的として育てられているのであり、建築用の木材として育てられているわけではありません。さらに、予算・人材とも十分とは言えず、樹木の直径を大きくするために間伐が行われているわけでもありません。

通常、樹木は製材を経て正方形の柱材や幅の太い梁材になります。しかし、トドマツの場合、乾燥に伴う変形や割れが他の樹種に比べて起こりやすいことが知られています。特に芯の周辺では変形や割れが大きいのです。そこで、断面が長方形となるように薄く製材することで、樹木の芯が含まれないようにすることを考えました。しかし、薄いと一本の材の強度が低くなってしまいます。これを補うために、同じ断面を持つ材を二つ組み合わせて柱や梁にすることを考案しました。これにより、木材の変形を回避するとともに、構造材として十分な強度を持たせ、特徴的な空間をも表現することが可能になったのです。

屋根は主要部をフラットにし、片方が大きな階段となって地面に接するというユニークな形態としました。その階段を上っていくと屋根の上に立つことができます。建築でありながら大きな遊具のようにも使え

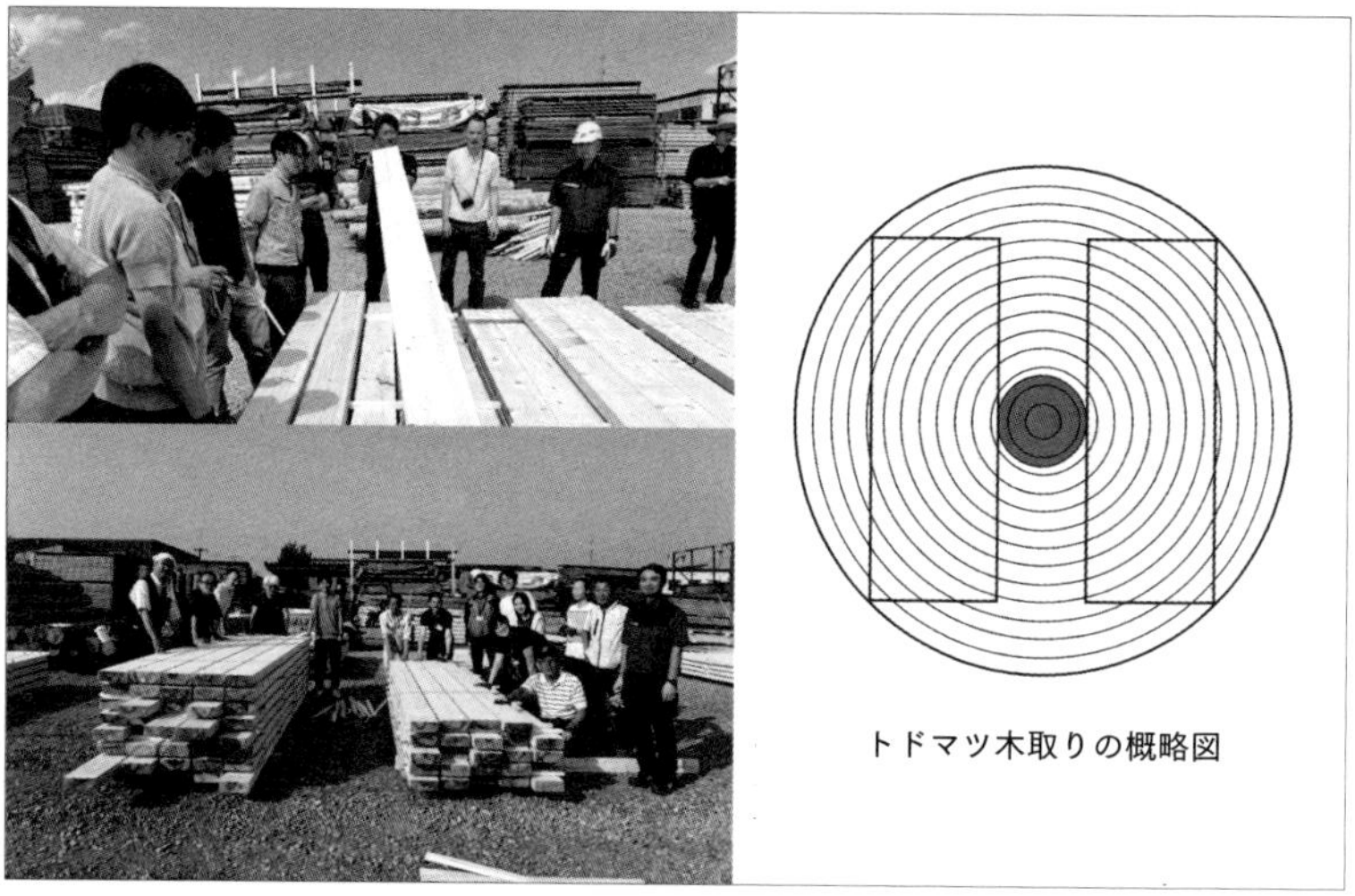

図5　中川研究林のトドマツを構造材として活かす

図6　大きな遊具のような存在を目指す

るというアイデアです。子どもたちに好かれることは、公園に立地する建築物として大切なことです。

また、空調設備には、地中熱などの再生可能エネルギーを使い、中央から周辺に向かって熱を伝える輻射《ふくしゃ》式冷暖房を採用しました。これにより、地球環境に配慮しながら、年間を通じて快適な室内環境をつくりだすことができます。

ＮＥＬＬプロジェクトのこれから

ＮＥＬＬプロジェクトは、ただ建築物をつくって完結するものではありません。ＮＥＬＬの完成後は、公園含めた全体の運営をしていきます。

運営に関する事業計画には七つの活動が挙げられています。

①小中高生を対象とした教育プログラム
②社会人向け教育・研修などのリカレント事業
③郷土の歴史や産業を学ぶ「北海道学」
④地域と連携したイベント
⑤国際交流事業
⑥産学官交流事業

⑦各種情報の発信

これらの活動は、新渡戸稲造が示した「利他の精神」を強く意識して考案したものです。現在、経済活動ばかりに比重を置く資本主義社会の中で、私たちは他人とのコミュニケーションの機会をどんどん喪失し、社会的分断が広がっています。特にパンデミックを経験した後では、こうした動きはさらに顕著になってきています。コミュニケーションの語源は、「話す」「伝える」よりも、「共有する」「分かち合う」にあります。まず自分が話したいことを話す前に、相手の思うことや言い分を聞いて、共有することが重要なのです。これは利他の精神を欠いていてはできないことです。

具体的な事業としては、たとえば、①の「小中高生を対象とした教育プログラム」として、不登校の児童・生徒に対しての支援を計画しています。二〇二三年に文部科学省が実施した「不登校の要因分析に関する調査研究」によると、全国の不登校の児童・生徒のうち、不登校の主な要因が「無気力、不安」と報告されたのは約五割です。決して学びに対して興味が持てないわけではなく、自分に適した教育環境がないということでしょう。一般的な教育の現場では、お行儀よく先生の話を聞いて勉強するようにしつけることが重視され、子どもたちが本来持っている創造力をそれぞれ引き出していこうとする余裕はありません。

新渡戸遠友リビングラボには、大学関係者を含む多様な教育現場の経験者がいます。ＮＥＬＬではそうした人々の協力を得ながら、札幌の歴史はもちろんのこと、これからの時代を生きるための知識と倫理観を身につけるための探求プログラムが行われます。プログラムは少人数制で、多世代が交流できる形で実施す

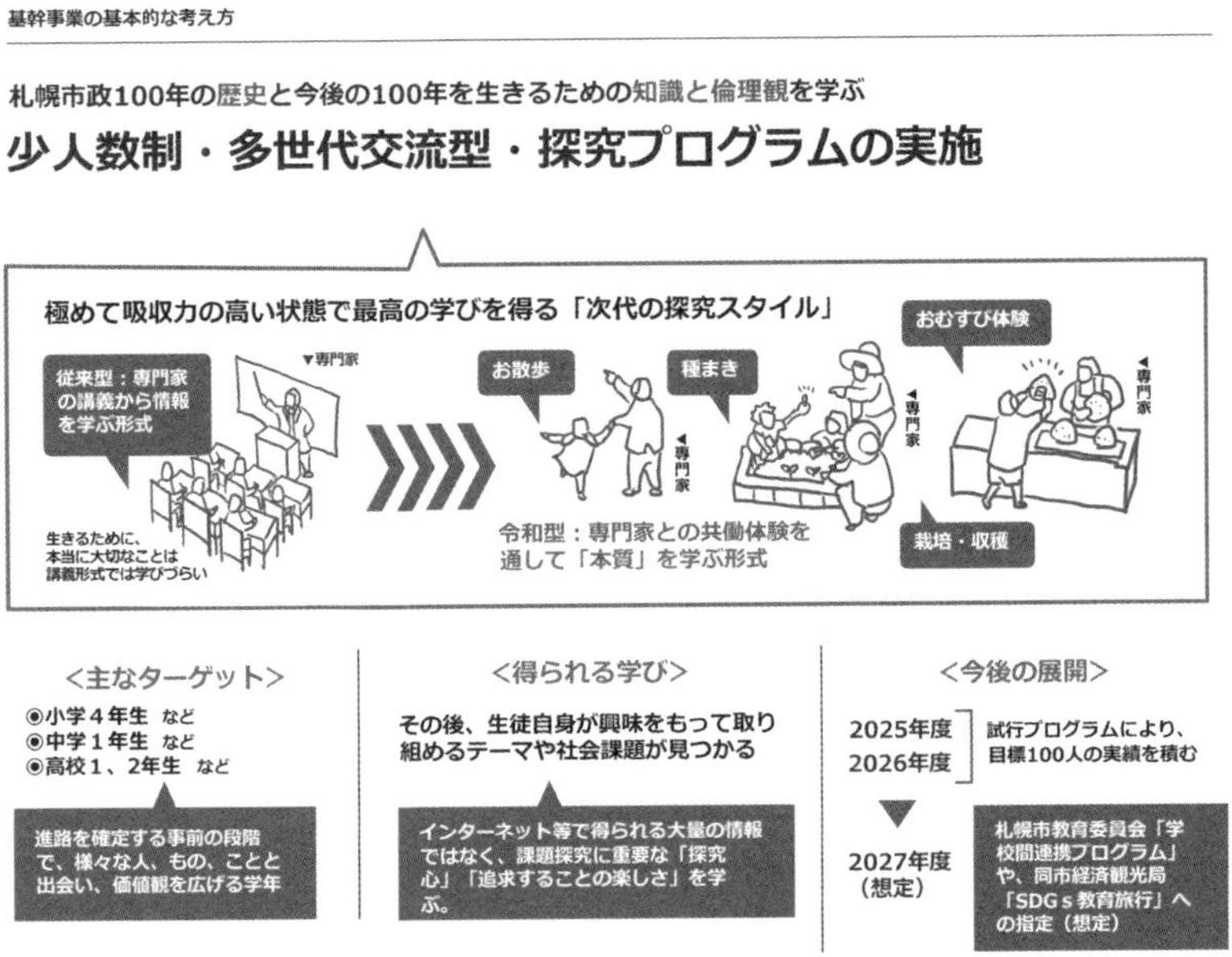

図７　NELLの事業計画概要（抜粋）

る予定です。札幌市の教育委員会や生涯学習施設の「ちえりあ」と連携しながら、ＮＥＬＬの専門家と小中学生がグループをつくり、テーマに沿った探究を行います。さらに、札幌農学校というルーツを活かし、食と農の大切さを伝え、農業従事者の思いに触れる機会も提供する予定です。「共有」を核とするコミュニケーションを大切にしながら、子どもたちが自分で問題を発見し、解決していくための力を養います。

　また、修学旅行で札幌を訪れる小中学生や高校生を対象としたプログラムも旅行会社と連携して開発しています。特に高校では、道内だけでなく道外から訪れる学校も多く、札幌で何を見て何を学べばよいかということは、学校の先生の悩みどころです。そのようなニーズの高まりを受けて、ＮＥＬＬでは修学旅行生を少人数に分けて専門家による歴史研修を行います。各学校・学級で実施されている探究プログラムと連動させたり、アドバイスしたりすることも検討しています。

さらに公園の活用方法として、さまざまな世代が楽しめるマルシェのようなイベントも、賛同団体や企業と協働して実施したいと考えています。

なお、これらの事業では財源を得ることができます。NELLの事業に賛同するパートナーを探し、それぞれが得意とする活動を基礎として事業プログラムをつくるのです。このやり方は、筆者がイタリアのトリノ市で長年調査していた「地区の家」の活動から大きなヒントを得ています。地区の家は、地区で暮らす人々が、自らが求める地域課題の解決に取り組むための拠点です。人々は課題解決に向けた活動を社会的に重要なものとして位置付け、これに賛同するさまざまな団体も活動に参加します。そして、それぞれができることを実行していきながら、緩やかに地区を改善していきます。その活動の詳細は、『「地区の家」と「屋根のある広場」――イタリア発・公共建築のつくりかた』（小篠隆生・小松尚著、鹿島出版会、二〇一八年）にまとめてあります。社会的活動を無理なく継続していきたい組織にとって、地区の家の活動はたいへん参考となる事例と言えるでしょう。NELLは地区の家の考え方や活動の仕方を事業計画に活かしています。

NELLの計画はまだ始まったばかりです。これからみなさんと一緒にさまざまな実践をし、創生イーストという地域だけでなく、札幌、北海道、そして世界に向けて、新しいパブリックスペースのあり方を発信していきます。

［第三章執筆：小篠隆生］

松井博和（まつい・ひろかず）
1949年上富良野町生まれ。1972年北海道大学農学部卒業。北海道大学大学院農学研究科修士課程を修了し、北海道大学農学部助手に就任。北海道大学農学部助教授、同大学院農学研究科教授、同副学部長、同大学院農学研究院長・農学院長・農学部長を歴任。現在は北海道大学名誉教授、一般社団法人札幌農学同窓会理事長、一般社団法人新渡戸遠友リビングラボ特別顧問、株式会社道銀地域総合研究所はじめ多数の企業顧問を務める。文部科学大臣表彰・科学技術賞、日本農学賞、北海道功労賞など受賞多数。

小篠隆生（おざさ・たかお）
1958年東京都生まれ。1983年北海道大学工学部建築工学科卒業。1983～1993年東海興業株式会社総合開発センター。1993年北海道大学工学部助手に就任。2006～2024年北海道大学大学院工学研究院准教授、2024年より新渡戸遠友リビングラボ理事長、北海道大学非常勤講師、東京電機大学非常勤講師、研究員。2023年、第18回公共建築賞文化施設部門、国土交通大臣賞（東川町複合交流施設 せんとぴゅあ）、2021年、日本建築学会著作賞（「地区の家」と「屋根のある広場」）を受賞。

久田徳二（ひさだ・とくじ）
名古屋市生まれ。北海道大学農学部卒業。同大学院農学院博士課程単位修得。カリフォルニア大学デイビス校客員研究員。1985年から北海道新聞社記者及び編集委員。取材班で新聞協会賞受賞。2014年から北海道大学客員教授。北星学園大学などで非常勤講師。一般社団法人札幌農学同窓会理事・事務局長。一般社団法人新渡戸遠友リビングラボ理事。北海道食といのちの会会長。日本の種子を守る会常任幹事。北海道農業ジャーナリストの会副会長。『北海道の守り方』（寿郎社）、『あぐり博士と考える食と農』（北海道新聞社）など著書多数。

クラークブックス［新渡戸ブックレット１］

今《いま》なぜ新渡戸稲造《にとべいなぞう》か——危機《きき》を突破《とっぱ》する〈利他《りた》の精神《せいしん》〉

発行日　2025年３月15日 初版第１刷
著　者　松井博和　小篠隆生　久田徳二
発　行　札幌農学同窓会
〒060-0003 北海道札幌市中央区北３条西７丁目 道庁西ビル２階
電話 011-271-4972　FAX 011-271-1336
URL https://www.alumni-sapporo.or.jp/

発　売　有限会社 寿郎社
〒060-0807 北海道札幌市北区北７条西２丁目 37山京ビル
電話 011-708-8565　FAX 011-708-8566
E-mail info@jurousha.com　URL https://www.jurousha.com/

印刷・製本　株式会社プリントパック

＊落丁・乱丁はお取り替えいたします。
＊紙での読書が難しい方やそのような方の読書をサポートしている個人・団体の方には、必要に応じて本書のテキストデータをお送りいたしますので、発行所までご連絡ください。

ISBN 978-4-909281-67-8 C0030

クラークブックス発刊に寄せて

北海道大学は二〇二六年に「創基一五〇周年」を迎えます。前身である札幌農学校は、日本初の学位授与機関――近代的大学――として一八七六年（明治九年）に設置されました。その初代教頭ウィリアム・スミス・クラーク博士の名は「Boys, be ambitious!」（少年よ大志を抱け）という言葉とともに広く知られています。クラーク博士の大学人としての精神《スピリット》は、直接薫陶を受けた農学校一期生の佐藤昌介や二期生の新渡戸稲造らによって引き継がれ、その後も多くの人々が継承・発展させて、「フロンティア精神」「国際性の涵養」「全人教育」「実学重視」という今日の北大の四つの基本理念が形づくられました。

私たち札幌農学同窓会は、一八八七年（明治二〇年）に設立された前身の札幌同窓会の時代から一四〇年に渡って、同窓生間の親睦だけでなく、クラーク博士以来の教育理念に基づく母校の発展をさまざまな面から支える活動を行ってきました。なかでも大事にしてきたのは、「実学重視」の北大の要とも言える市民社会との情報共有や協働です。世界は今、食料問題、環境問題、領土問題、人権問題など、待ったなしの重大な問題に直面しています。近代日本のアカデミズムをリードしてきた北大が四つの基本理念をもってこれらの問題に取り組んでいるように同窓会もまた、母校北大のそうした研究・教育を支援し、市民社会との情報共有や協働を促していきたいと願い、創基一五〇周年を前に「クラークブックス」を発刊することにしました。

クラークブックスの中のブックレットシリーズとしては、かつての札幌農学校演武場であった現・札幌市時計台での講演を中心に扱う「時計台ブックレット」、新渡戸稲造関係の講演を中心に扱う「新渡戸ブックレット」、その他の農業・農学および北海道大学の研究・教育活動全般に関わる内容を扱う「エルムブックレット」の三種を発行していきます。

なお、札幌農学同窓会は、学生や教員とともに北大や同窓会の情報を発信する「さっぽろ農学校」という取り組みを二〇二一年度に始めました。クラークブックスもその活動の一環として、学生たちが中心となり企画・編集作業などを行っています。

北大関係者を含む広範な市民の方々とともに、ものごとを全体的に、歴史的に、かつ面白く、楽しく考えていくために、札幌農学同窓会は私たちのできる貢献をしていきます。改めて「ビー・アンビシャス」を胸に――。

二〇二三年六月

一般社団法人 札幌農学同窓会